FULL SCORE
WSB-06-005

吹奏楽譜 ブラスロック・シリーズ
BRASS ROCK

JOY to The Brass Rock

作曲：George Frideric Handel　編曲：郷間幹男

楽器編成表

Piccolo
Flute 1
Flute 2
*Oboe
*Bassoon
*E♭ Clarinet
B♭ Clarinet 1
B♭ Clarinet 2
B♭ Clarinet 3
*Alto Clarinet
Bass Clarinet
Alto Saxophone 1
Alto Saxophone 2
Tenor Saxophone
Baritone Saxophone

B♭ Trumpet 1
B♭ Trumpet 2
B♭ Trumpet 3
F Horns 1 & 2
F Horns 3 (& *4)
Trombone 1
Trombone 2
Trombone 3
Euphonium
Tuba
Electric Bass
(String Bass)

Drums
Percussion 1
...Sleigh Bell
Percussion 2
...Triangle
Percussion 3
...Glockenspiel

Full Score

＊イタリック表記の楽譜はオプション

吹奏楽譜 ブラスロック・シリーズ

JOY to The Brass Rock

曲目解説

　12月のコンサートには絶対に欠かせないクリスマスキャロル『もろびとこぞりて(Joy To The World)』をテーマにした、ウィンズスコア独自のブラスロック。クリスマスコンサートのオープニングにオススメしたい一曲です！

演奏のポイント

　この曲のポイントは奏者が曲に乗って楽しむことです。
　オープニングは華々しくトランペットとトロンボーンを中心としたファンファーレになっています。ブラスロックにふさわしく派手に演奏してください。Aからはテンポが速くなりますが乗り遅れないように注意してください（特に連符や裏打ちは音を長めに演奏してしまうとノリが悪く遅れる原因となります）。Cは高・中低音と低音の掛け合いになります。低音が貧弱にならないようしっかり演奏してください。Dはマーチに用いられる中・低音の旋律です。重たくならず軽めのスピード感ある演奏を心がけましょう。
　Dの直前4小節間はパーカッションだけの演奏になります。ドラム・ソロやオープニングトークなどで演奏会を盛り上げてみてはどうですか？場合によってはパーカッションをどんどん増やして演奏することも可能です。それぞれのバンドで工夫してみてください。
　単純な曲構成になっています。スタンドプレイや振り付けをイメージして編曲しています。「ブラス」で「ロック」してください。

(by 郷間幹男)

編曲者プロフィール / 郷間幹男(Mikio Gohma)

　中学よりトロンボーンを始め、大学在学中に「YAMAHA T・M・F」全国大会優勝・グランプリ受賞。
　1997年、ファンハウス（現ソニー・ミュージックレーベルズ）よりサックス・プレイヤーとしてメジャーデビュー。デビューシングル『GIVE YOU』は、フジTV系「平成教育委員会」エンディングテーマ、サークルK CMテーマ曲になり、オリコンチャートや、全国各地のFMチャート上位を独占。その他にも日本コカ・コーラ社のオリンピック・タイアップ曲や、フジTV系「発掘あるある大辞典II」などのBGMを演奏。
　芸能活動を続けながらも吹奏楽指導や作・編曲など、吹奏楽活動も積極的に続け、中でもブラス・アレンジにはかなりの定評がある。
　これまでの経験を活かし株式会社ウィンズスコアを設立、代表取締役社長に就任。現在、社長業の傍ら全国の吹奏楽トップバンドへの編曲や指導なども行っており、その実力からコンクール、アンサンブルコンテストの審査員も務める。
　主な作品に、『コンサートマーチ「虹色の未来へ」』(2018年度全日本吹奏楽コンクール課題曲)等がある。

JOY to The Brass Rock - 3

JOY to The Brass Rock - 5

JOY to The Brass Rock - 7

ご注文について

ウィンズスコアの商品は全国の楽器店、ならびに書店にてお求めになれますが、店頭でのご購入が困難な場合、当社PC&モバイルサイト・FAX・電話からのご注文で、直接ご購入が可能です。

◎当社PCサイトでのご注文方法

http://www.winds-score.com

上記のURLへアクセスし、WEBショップにてご注文ください。

◎FAXでのご注文方法

FAX.03-6809-0594

24時間、ご注文を承ります。当社サイトよりFAXご注文用紙をダウンロードし、印刷、ご記入の上ご送信ください。

◎お電話でのご注文方法

TEL.0120-713-771

営業時間内に電話いただければ、電話にてご注文を承ります。

◎モバイルサイトでのご注文方法

右のQRコードを読み取ってアクセスいただくか、URLを直接ご入力ください。

※この出版物の全部または一部を権利者に無断で複製(コピー)することは、著作権の侵害にあたり、著作権法により罰せられます。

※造本には十分注意しておりますが、万一、落丁・乱丁などの不良品がありましたらお取り替えいたします。また、ご意見・ご感想もホームページより受け付けておりますので、お気軽にお問い合わせください。

Flutes 1&2

JOY to The Brass Rock

郷間幹男 編曲

JOY to The Brass Rock

B♭ Clarinet 3

郷間幹男 編曲

Alto Saxophone 1

JOY to The Brass Rock

郷間幹男 編曲

Tenor Saxophone

JOY to The Brass Rock

郷間幹男 編曲

JOY to The Brass Rock

Baritone Saxophone

郷間幹男 編曲

B♭ Trumpet 2

JOY to The Brass Rock

郷間幹男 編曲

Trombone 1

JOY to The Brass Rock

郷間幹男 編曲

Trombone 3

JOY to The Brass Rock

郷間幹男 編曲

JOY to The Brass Rock

Euphonium

郷間幹男 編曲

Tuba

JOY to The Brass Rock

郷間幹男 編曲

Sleigh Bell

JOY to The Brass Rock

郷間幹男 編曲

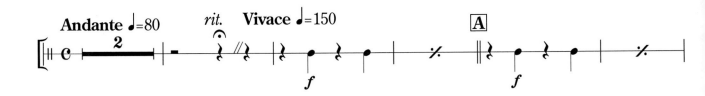
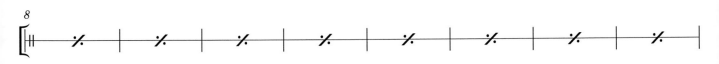
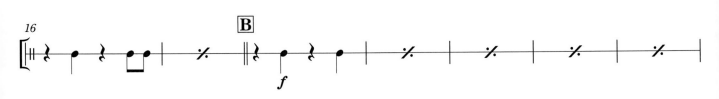
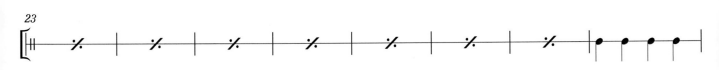
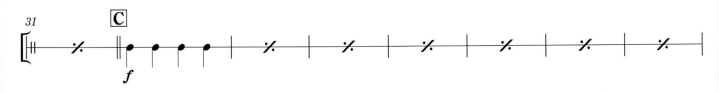

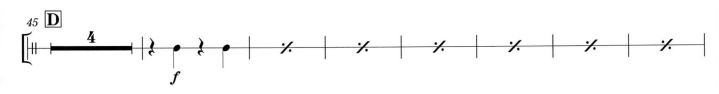

Triangle

JOY to The Brass Rock

郷間幹男 編曲

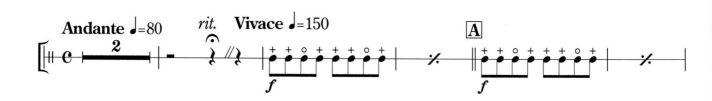

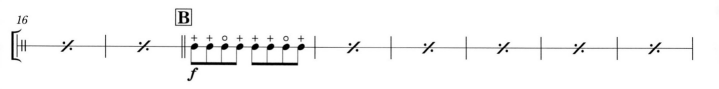
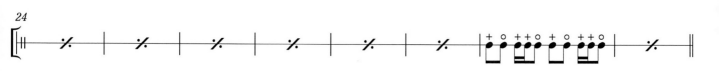
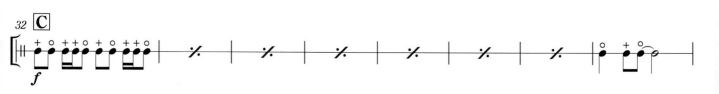
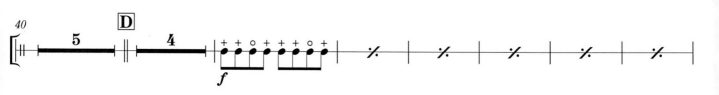

Glockenspiel

JOY to The Brass Rock

郷間幹男 編曲

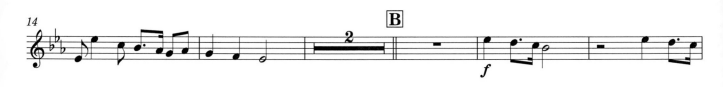

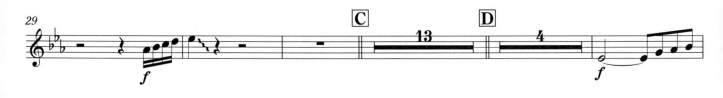

MEMO